AF189419

Impressum
Verlag: BABADADA GmbH, Nedderfeld 112 , 22529 Hamburg
Geschäftsführer / Verlagsleitung: Harald Hof
Druck: Books on Demand GmbH, In de Tarpen 42, 22848 Norderstedt

Imprint
Publisher: BABADADA GmbH, Nedderfeld 112 , 22529 Hamburg, Germany
Managing Director / Publishing direction: Harald Hof
Print: Books on Demand GmbH, In de Tarpen 42, 22848 Norderstedt

koulu
la escuela

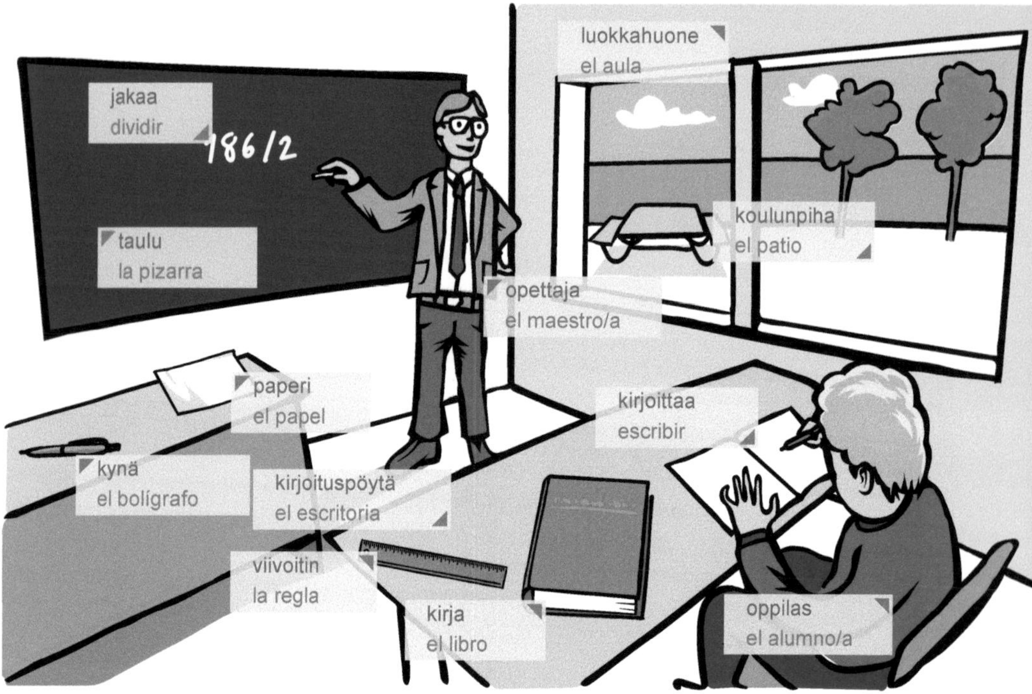
luokkahuone
el aula
jakaa
dividir
186/2
taulu
la pizarra
koulunpiha
el patio
opettaja
el maestro/a
paperi
el papel
kirjoittaa
escribir
kynä
el bolígrafo
kirjoituspöytä
el escritoria
viivoitin
la regla
kirja
el libro
oppilas
el alumno/a

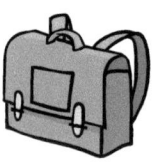

reppu

la cartera

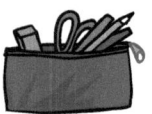

penaali

la caja de lápices

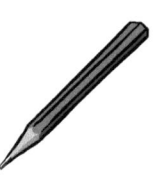

lyijykynä

el lápiz

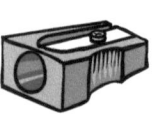

kynänteroitin

el sacapuntas

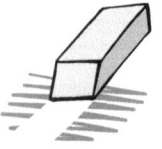

pyyhekumi

la goma de borrar

piirustuslehtiö

el cuaderno de dibujo

piirustus

el dibujo

pensseli

el pincel

vesivärit

la caja de pinturas

sakset

las tijeras

liima

el pegamento

harjoituskirja

el cuaderno de ejercicios

kotitehtävä

los deberes

12

luku

el número

2+2

lisätä

sumar

5-2

vähentää

restar

2×2

kertoa

multiplicar

laskea

calcular

A

kirjain

la letra

ABCDEFG
HIJKLMN
OPQRSTU
VWXYZ

aakkoset

el alfabeto

hello

sana

la palabra

teksti

el texto

lukea

leer

liitu

la tiza

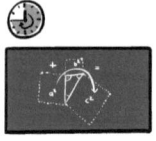

oppitunti

la lección

opettajan muistikirja

el cuaderno de notas

koe

el examen

todistus

el certificado

koulupuku

el uniforme

koulutus

la educación

sanakirja

la enciclopedia

yliopisto

la universidad

mikroskooppi

el microscopio

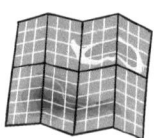

kartta

el mapa

roskakori

la papelera

matka
el viaje

hotelli
el hotel
Grand
retkeilymaja
el albergue
ROOMS
ahanvaihto
a oficina de cambio de divisas
matkalaukku
la maleta
auto
el coche

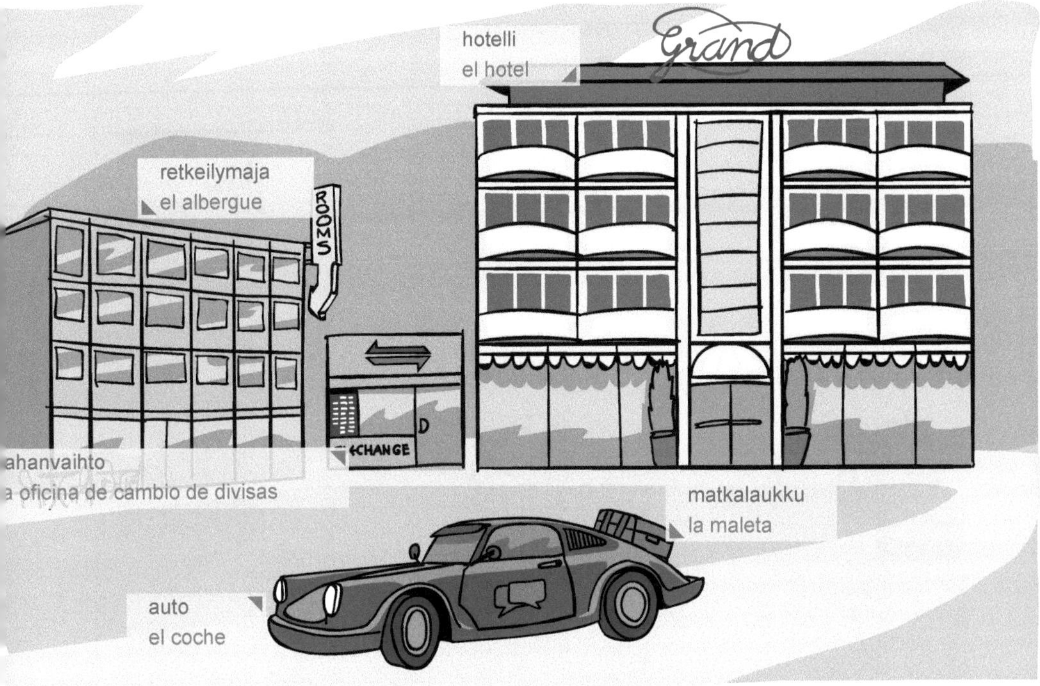

kieli

el idioma

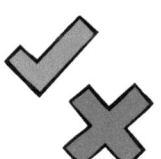

kyllä / ei

sí / no

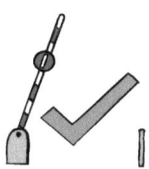

selvä

Vale

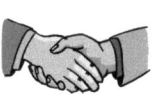

hei

hola

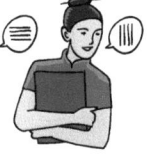

tulkki

el traductor

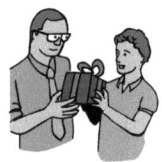

kiitos

Gracias

Paljonko...maksaa?

¿cuánto es...?

en ymmärrä

No entiendo

ongelma

el problema

Hyvää iltaa!

¡Buenas tardes!

Hyvää huomenta!

¡Buenos días!

Hyvää yötä!

¡Buenas noches!

näkemiin

adiós

suunta

la dirección

matkatavarat

el equipaje

laukku

la bolsa

reppu

la mochila

vieras

el invitado

huone

la habitación

makuupussi

el saco de dormir

teltta

la tienda de campaña

turisti-info

la información turística

ranta

la playa

luottokortti

la tarjeta de crédito

aamupala

el desayuno

lounas

el almuerzo

päivällinen

la cena

matkalippu

el billete

hissi

el ascensor

postimerkki

el sello

raja

la frontera

tulli

la aduana

suurlähetystö

la embajada

viisumi

la visa

passi

el pasaporte

kuljetus
el transporte

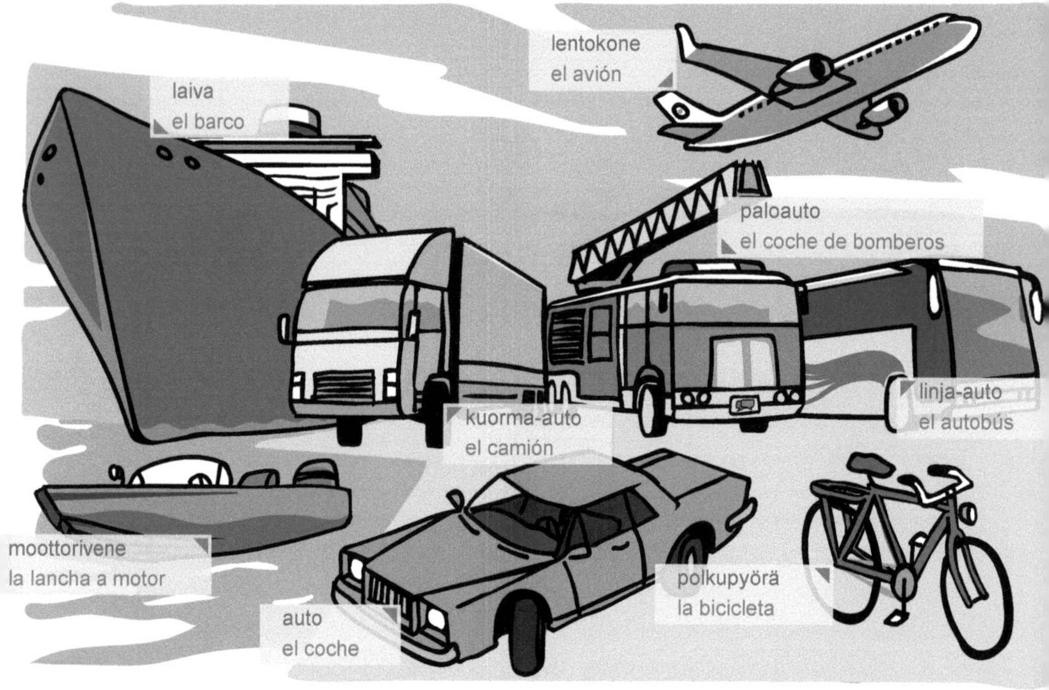
lentokone
el avión
laiva
el barco
paloauto
el coche de bomberos
linja-auto
el autobús
kuorma-auto
el camión
moottorivene
la lancha a motor
polkupyörä
la bicicleta
auto
el coche

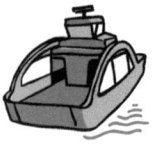

lautta
el transbordador

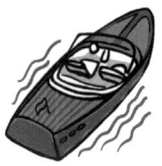

vene
la barca

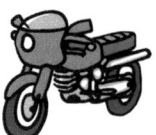

moottoripyörä
la moto

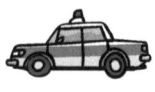

poliisiauto
el coche de policía

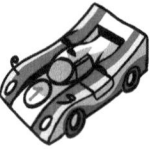

kilpa-auto
el coche de carreras

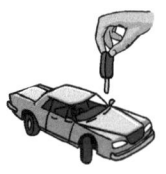

vuokra-auto
el coche de alquiler

car sharing

el préstamo de vehículos

hinausauto

la grúa

roska-auto

el camión de la basura

moottori

el motor

polttoaine

la gasolina

huoltoasema

la gasolinera

liikennemerkki

la señal de tráfico

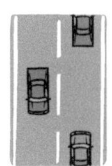

liikenne

el tráfico

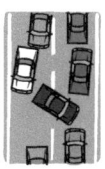

ruuhka

el atasco

parkkipaikka

el aparcamiento

rautatieasema

la estación de tren

raiteet

las vías

juna

el tren

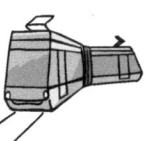

raitiovaunu

el tranvía

vaunu

el vagón

helikopteri
el helicóptero

lentokenttä
el aeropuerto

lähilennonjohto
la torre

matkustaja
el pasajero

kontti
el contenedor

pahvilaatikko
la caja de cartón

kärryt
la carretilla

kori
la cesta

nousta / laskea
despegar / aterrizar

kaupunki
la ciudad

kylä
el pueblo

keskusta
el centro de la ciudad

talo
la casa

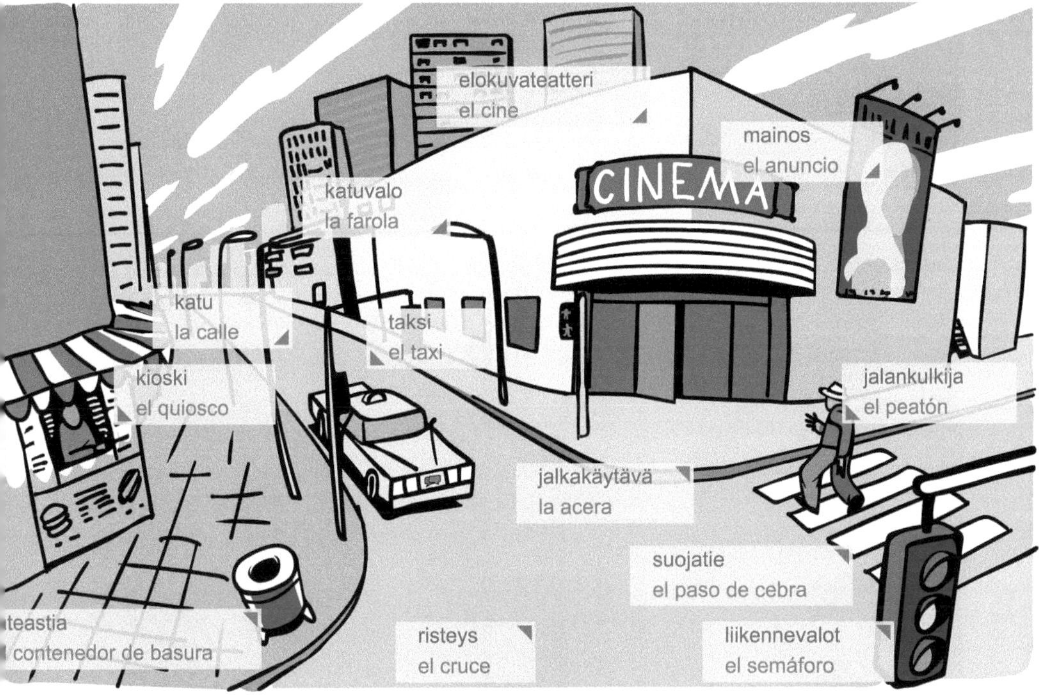

elokuvateatteri
el cine

mainos
el anuncio

katuvalo
la farola

CINEMA

katu
la calle

taksi
el taxi

jalankulkija
el peatón

kioski
el quiosco

jalkakäytävä
la acera

suojatie
el paso de cebra

teastia
contenedor de basura

risteys
el cruce

liikennevalot
el semáforo

mökki
la cabaña

kerrostalo
el apartamento

rautatieasema
la estación de tren

kaupungintalo
el ayuntamiento

museo
el museo

koulu
la escuela

yliopisto

la universidad

pankki

el banco

sairaala

el hospital

hotelli

el hotel

apteekki

la farmacia

toimisto

la oficina

kirjakauppa

la librería

liike

la tienda de campaña

kukkakauppa

la floristería

supermarketti

el supermercado

tori

el mercado

tavaratalo

los grandes almacenes

kalakauppias

la pescadería

ostoskeskus

el centro comercial

satama

el puerto

puisto

el parque

penkki

el banco

silta

el puente

portaat

las escaleras

metro

el metro

tunneli

el túnel

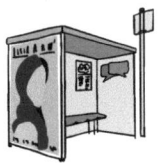

linja-autopysäkki

la parada de autobús

baari

el bar

ravintola

el restaurante

postilaatikko

el buzón

katukyltti

el poste indicador

parkkimittari

el parquímetro

eläintarha

el zoo

uimala

la piscina

moskeija

la mezquita

maatila
la granja

ympäristön saastuminen
la contaminación

hautausmaa
el cementerio

kirkko
la iglesia

leikkikenttä
el patio de juego

temppeli
el templo

maisema
el paisaje

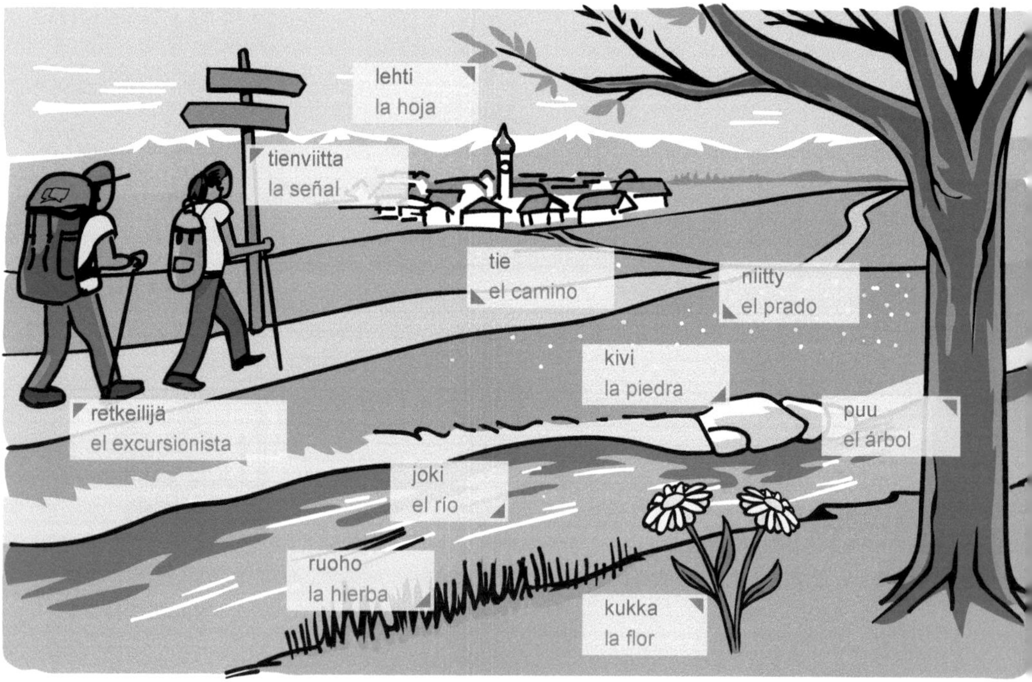

lehti
la hoja

tienviitta
la señal

tie
el camino

niitty
el prado

kivi
la piedra

retkeilijä
el excursionista

puu
el árbol

joki
el río

ruoho
la hierba

kukka
la flor

laakso

el valle

vuori

la colina

järvi

el lago

metsä

el bosque

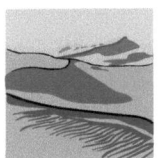

aavikko

el desierto

tulivuori

el volcán

linna

el castillo

sateenkaari

el arcoíris

sieni

el champiñón

palmu

la palmera

hyttynen

el mosquito

kärpänen

la mosca

muurahainen

la hormiga

mehiläinen

la abeja

hämähäkki

la araña

kovakuoriainen

el escarabajo

sammakko

la rana

orava

la ardilla

siili

el erizo

jänis

la liebre

pöllö

la lechuza

lintu

el pájaro

joutsen

el cisne

villisika

el jabalí

peura

el ciervo

hirvi

el alce

pato

la presa

tuulimylly

la turbina eólica

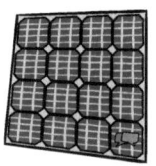

aurinkopaneeli

el panel solar

ilmasto

el clima

ravintola
el restaurante

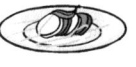

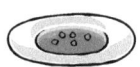

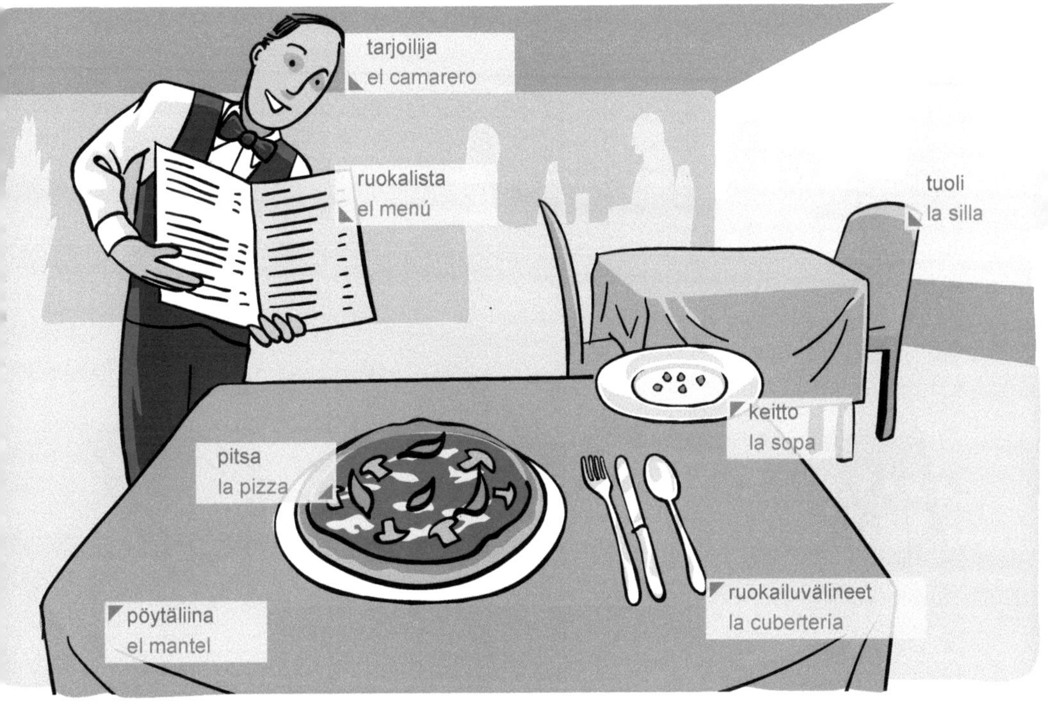
tarjoilija
el camarero
ruokalista
el menú
tuoli
la silla
keitto
la sopa
pitsa
la pizza
pöytäliina
el mantel
ruokailuvälineet
la cubertería

alkuruoka
el primer plato

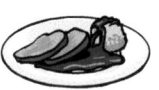

pääruoka
el plato principal

jälkiruoka
el postre

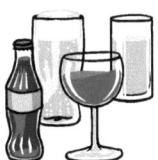

juomat
las bebidas

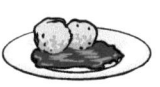

ruoka
la comida

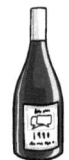

pullo
la botella

pikaruoka

la comida rápida

katuruoka

la comida callejera

teekannu

la tetera

sokeriastia

el azucarero

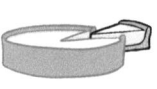

annos

la porción

espressokeitin

la cafetera expreso

syöttötuoli

la trona

lasku

la cuenta

tarjotin

la bandeja

veitsi

el cuchillo

haarukka

el tenedor

lusikka

la cuchara

teelusikka

la cucharilla

servietti

la servilleta

lasi

el vaso

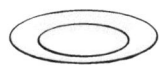

lautanen

el plato

syvä lautanen

el plato hondo

aluslautanen

el platillo

kastike

la salsa

suolasirotin

el salero

pippurimylly

el molinillo de pimienta

etikka

el vinagre

öljy

el aceite

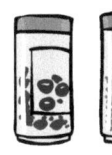

mausteet

las especias

ketsuppi

el ketchup

sinappi

la mostaza

majoneesi

la mayonesa

supermarketti

el supermercado

tarjous
la oferta especial
FOR
asiakas
el cliente
maitotuotteet
los lácteos
hedelmät
la fruta
ostoskärryt
el carro de compra

BUTCHERS

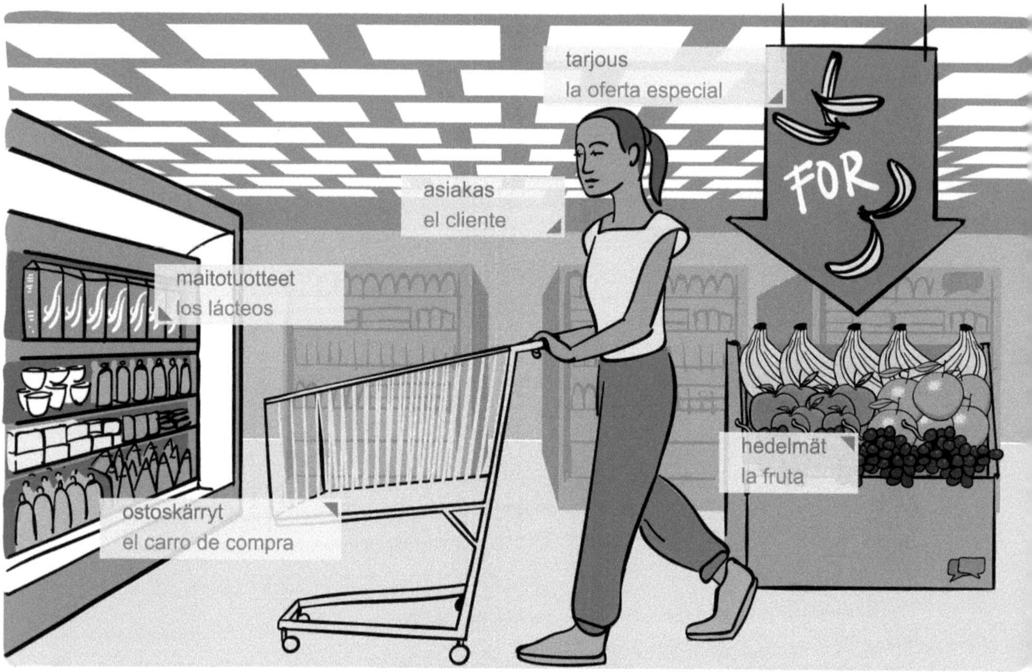

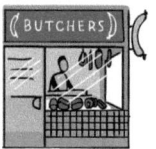

teurastamo

la carniceria

BAKERY

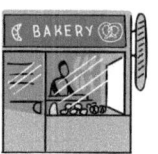

leipomo

la panadería

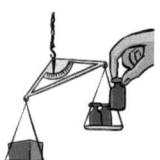

punnita

pesar

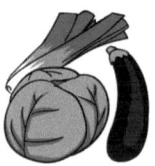

kasvikset

las verduras

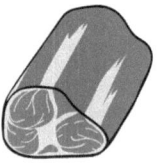

liha

la carne

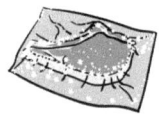

pakasteet

los alimentos congelados

leikkele

los fiambres

säilykkeet

las conservas

pesujauhe

el detergente en polvo

makeiset

los dulces

kotitaloustarvikkeet

productos de uso doméstico

puhdistusaineet

productos de limpieza

myyjä

la vendedora

kassa

la caja de cartón

kassanhoitaja

el cajero

ostoslista

la lista de la compra

aukioloajat

el horario de atención al
público

lompakko

la cartera

luottokortti

la tarjeta de crédito

kassi

la bolsa de plástico

muovipussi

la bolsa de plástico

vesi

el agua

mehu

el zumo

maito

la leche

kokis

la cola

viini

el vino

olut

la cerveza

alkoholi

el alcohol

kaakao

el cacao

tee

el té

kahvi

el café

espresso

el expreso

cappuccino

el capuchino

banaani

el plátano

omena

la manzana

appelsiini

la naranja

meloni

el melón

sitruuna

el limón

porkkana

la zanahoria

valkosipuli

el ajo

bambu

el bambú

sipuli

la cebolla

sieni

el champiñón

pähkinät

las avellanas

spagetti

los fideos

spagetti

las espagueti

riisi

el arroz

salaatti

la ensalada

ranskalaiset

las patatas fritas

paistetut perunat

las patatas fritas

pitsa

la pizza

hampurilainen

la hamburguesa

voileipä

el sándwich

leike

el filete

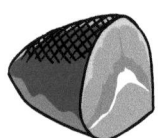

kinkku

el jamón

salami

le salami

makkara

la salchicha

kana

el pollo

paisti

el asado

kala

el pescado

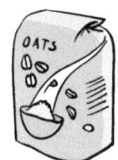

kaurahiutaleet

los copos de avena

mysli

el muesli

murot

los copos de maíz

jauho

la harina

voisarvi

el cruasán

sämpylä

el panecillo

leipä

el pan

paahtoleipä

la tostada

keksit

las galletas

voi

la mantequilla

rahka

la cuajada

kakku

el pastel

kananmuna

el huevo

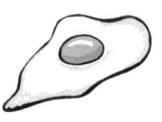

paistettu kananmuna

el huevo frito

juusto

el queso

jäätelö

el helado

sokeri

el azúcar

hunaja

la miel

hillo

la mermelada

suklaapähkinälevite

la crema de turrón

curry

el curry

maatila
la granja

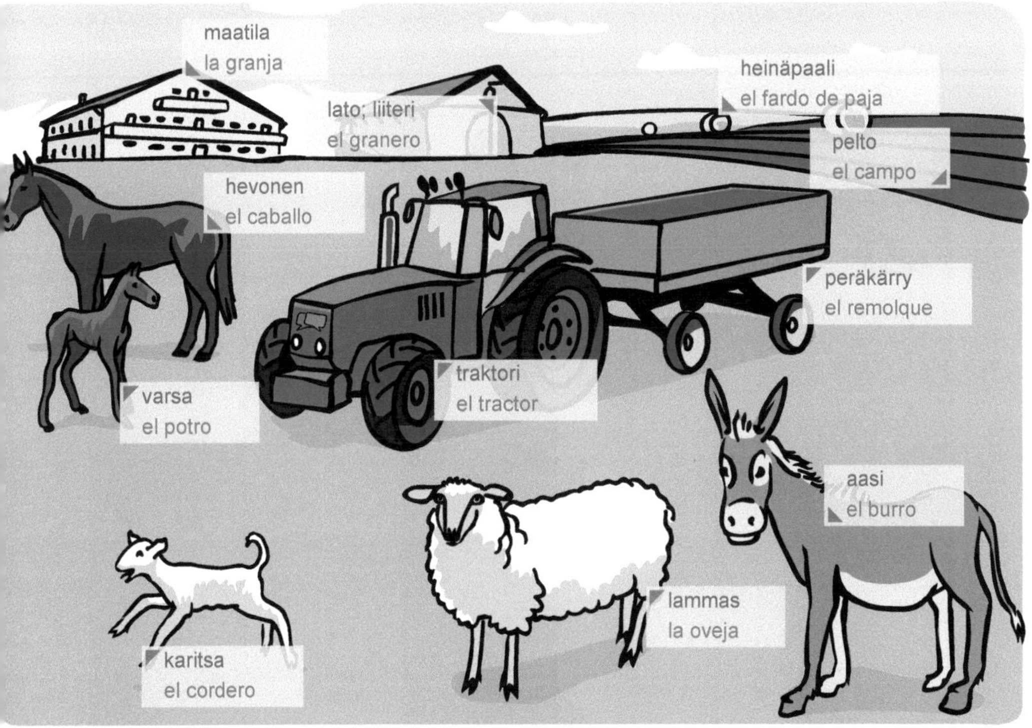
maatila
la granja
lato; liiteri
el granero
heinäpaali
el fardo de paja
pelto
el campo
hevonen
el caballo
peräkärry
el remolque
traktori
el tractor
varsa
el potro
aasi
el burro
lammas
la oveja
karitsa
el cordero

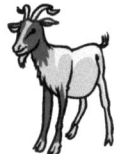

vuohi

la cabra

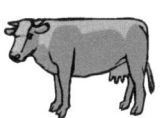

lehmä

la vaca

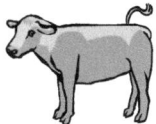

vasikka

el ternero

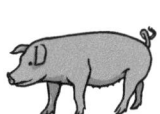

sika

el cerdo

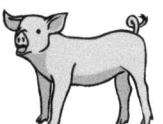

porsas

el cerdito

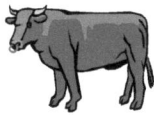

sonni

el toro

hanhi

el ganso

ankka

el pato

tipu

el pollo

kana

la gallina

kukko

el gallo

rotta

la rata

kissa

el gato

hiiri

el ratón

härkä

el buey

koira

el perro

koirankoppi

la perrera

puutarhaletku

la manguera

kastelukannu

la regadera

viikate

la guadaña

aura

el arado

sirppi
la hoz

kuokka
la azada

talikko
la horca

kirves
el hacha

kottikärryt
la carretilla

kaukalo
el abrevadero

maitokannu
la lechera

säkki
el saco

aita
la valla

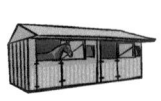

talli
el establo

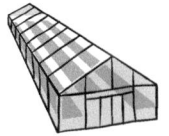

kasvihuone
el invernadero

maa
el suelo

siemen
la semilla

lannoite
el fertilizador

leikkuupuimuri
la cosechadora

kerätä sato

cosechar

sato

la cosecha

jamssit

el ñame

vehnä

el trigo

soija

el soja

peruna

la patata

maissi

el maíz

rypsi

la semilla de colza

hedelmäpuu

el árbol frutal

maniokki

la mandioca

vilja

las cereales

talo
la casa

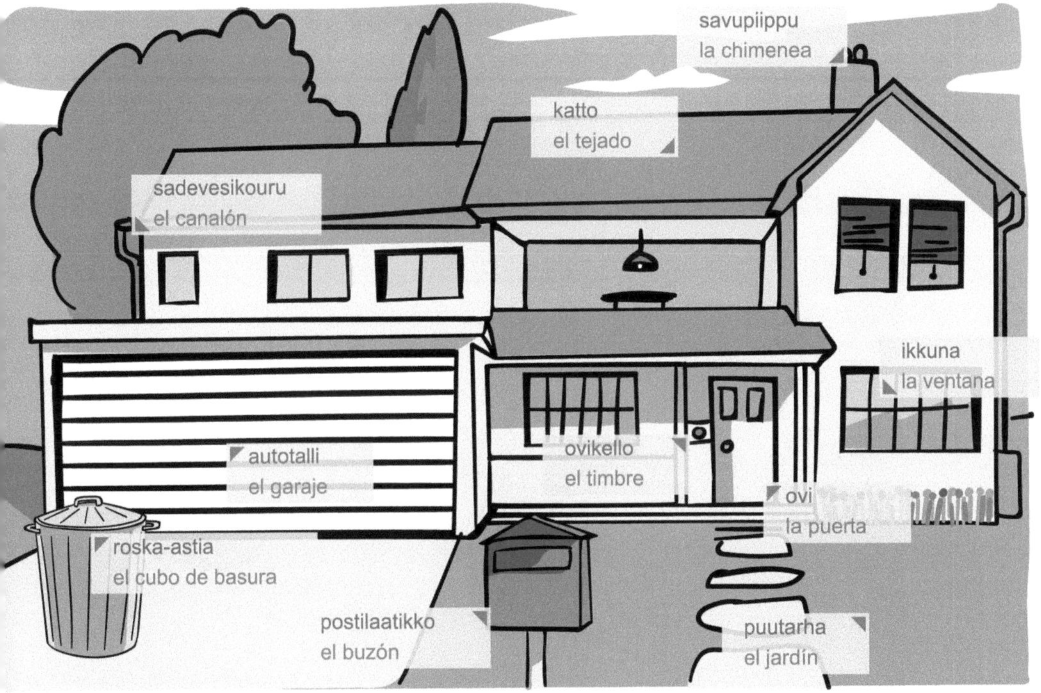
savupiippu
la chimenea
katto
el tejado
sadevesikouru
el canalón
ikkuna
la ventana
autotalli
el garaje
ovikello
el timbre
ovi
la puerta
roska-astia
el cubo de basura
postilaatikko
el buzón
puutarha
el jardín

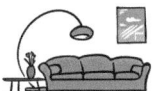

olohuone

la sala

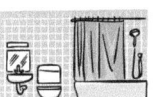

kylpyhuone

el cuarto de baño

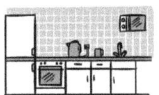

keittiö

la cocina

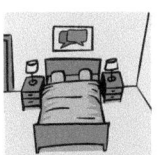

makuuhuone

el dormitorio

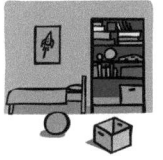

lastenhuone

la habitación de los niños

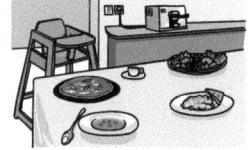

ruokahuone

el comedor

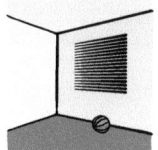

lattia
el suelo

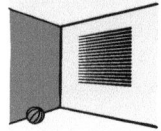

seinä
la pared

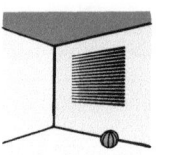

katto
el techo

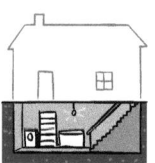

kellari
el sótano

sauna
la sauna

parveke
el balcón

terassi
la terraza

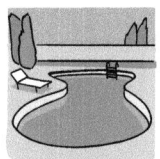

uima-allas
la piscina

ruohonleikkuri
el cortacésped

lakana
la sábana

päiväpeitto
la colcha

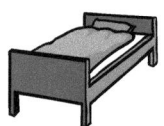

sänky
la cama

harja
la escoba

ämpäri
el balde

katkaisin
el interruptor

olohuone
la sala

tapetti
el papel pintado
kuva
la imagen
lamppu
la lámpara
hylly
el estante
kaappi
el armario
televisio
la televisión
takka
la chimenea
kukka
la flor
tyyny
el cojín
sohva
el sofá
maljakko
el jarrón
kaukosäädin
el mando a distancia

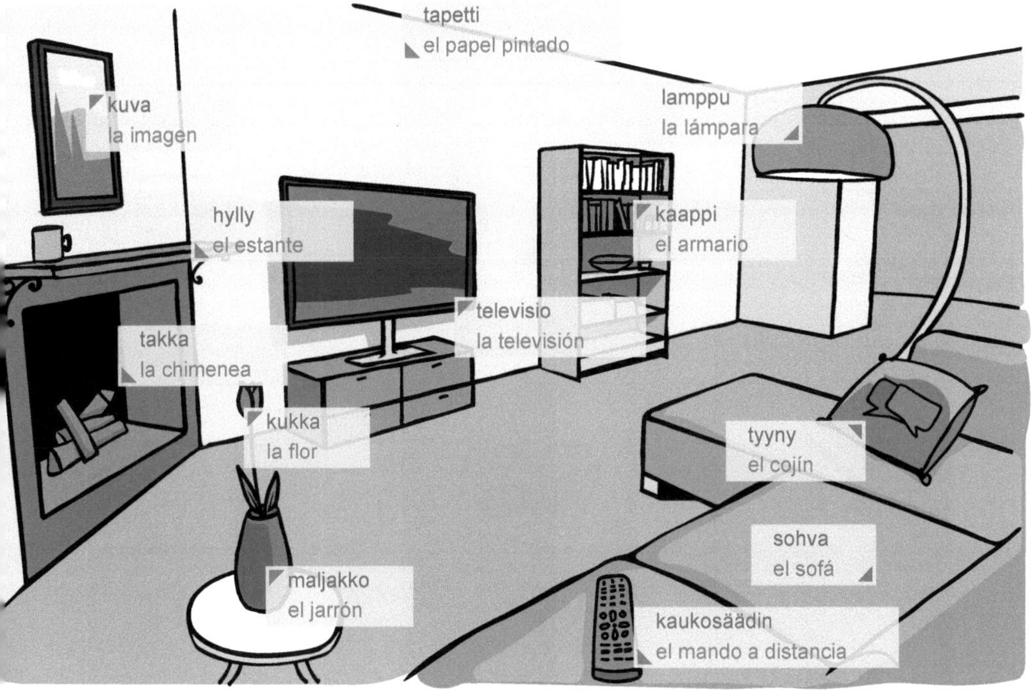

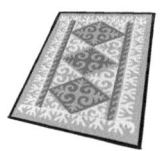

matto
la alfombra

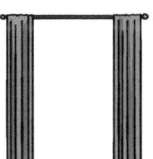

verho
la cortina

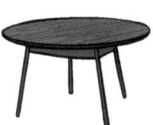

pöytä
la mesa

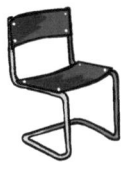

tuoli
la silla

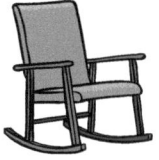

keinutuoli
el mecedora

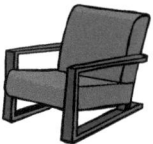

nojatuoli
la butaca

kirja

el libro

peitto

la manta

koriste

la decoración

polttopuut

la leña

elokuva

la película

stereot

el equipo de música

avain

la llave

sanomalehti

el periódico

maalaus

la pintura

juliste

el póster

radio

la radio

muistivihko

el cuaderno

pölynimuri

la aspiradora

kaktus

el cactus

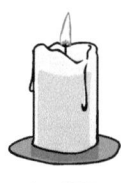

kynttilä

la vela

keittiö
la cocina

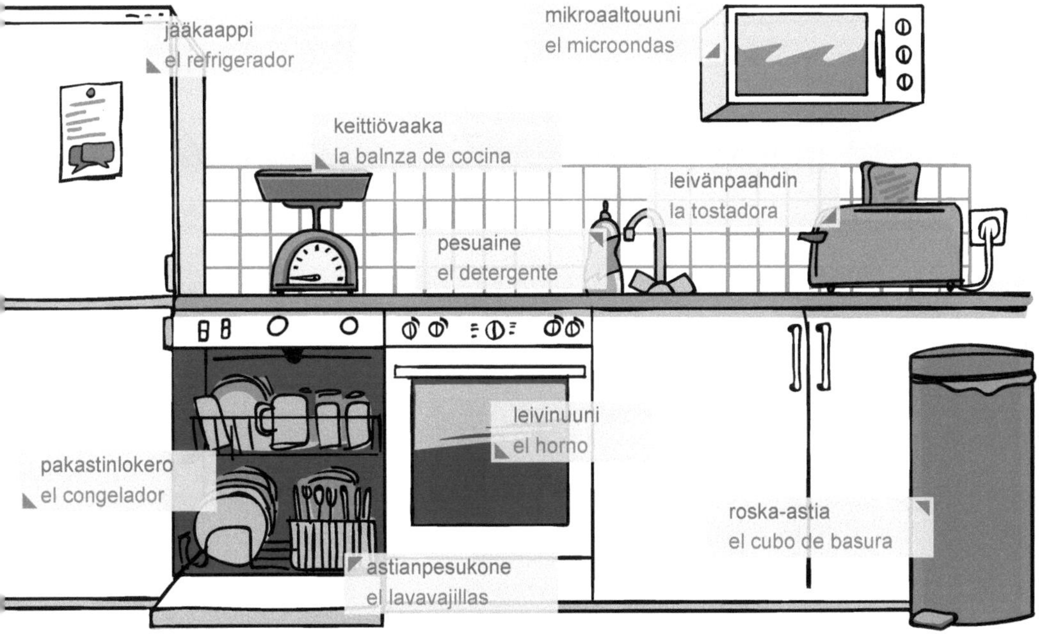

jääkaappi
el refrigerador
mikroaaltouuni
el microondas
keittiövaaka
la balnza de cocina
leivänpaahdin
la tostadora
pesuaine
el detergente
leivinuuni
el horno
pakastinlokero
el congelador
roska-astia
el cubo de basura
astianpesukone
el lavavajillas

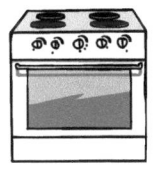

liesi

la olla a presión

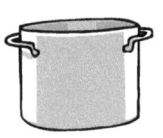

kattila

la olla

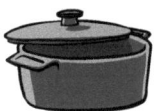

rautapata

la olla de hierro fundido

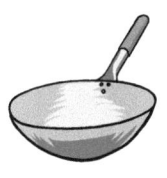

vokkipannu / kadai-pannu

el wok

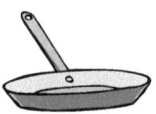

paistinpannu

la cazuela

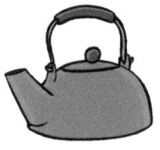

teepannu

el hervidor

höyrykeitin

la vaporera

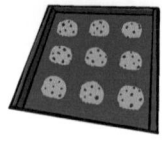

uunipelti

la chapa de horno

astiat

la vajilla

muki

la taza

kulho

el tazón

syömäpuikot

los palillos

kauha

el cucharón

paistinlasta

la espumadera

vispilä

el batidor

siivilä

el colador

siivilä

el cedazo

raastin

el rallador

mortteli

el mortero

grilli

la barbacoa

avotuli

la hoguera

leikkuulauta

la tabla de picar

kaulin

el rodillo

korkinavaaja

el sacacorchos

purkki

la lata

purkinavaaja

el abrelatas

pannulappu

el agarrador

lavuaari

el lavabo

tiskiharja

el cepillo

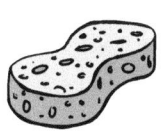

pesusieni

la esponja

tehosekoitin

la batidora

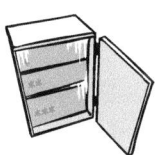

pakastin

el congelador

tuttipullo

el biberón

vesihana

el grifo

kylpyhuone

el cuarto de baño

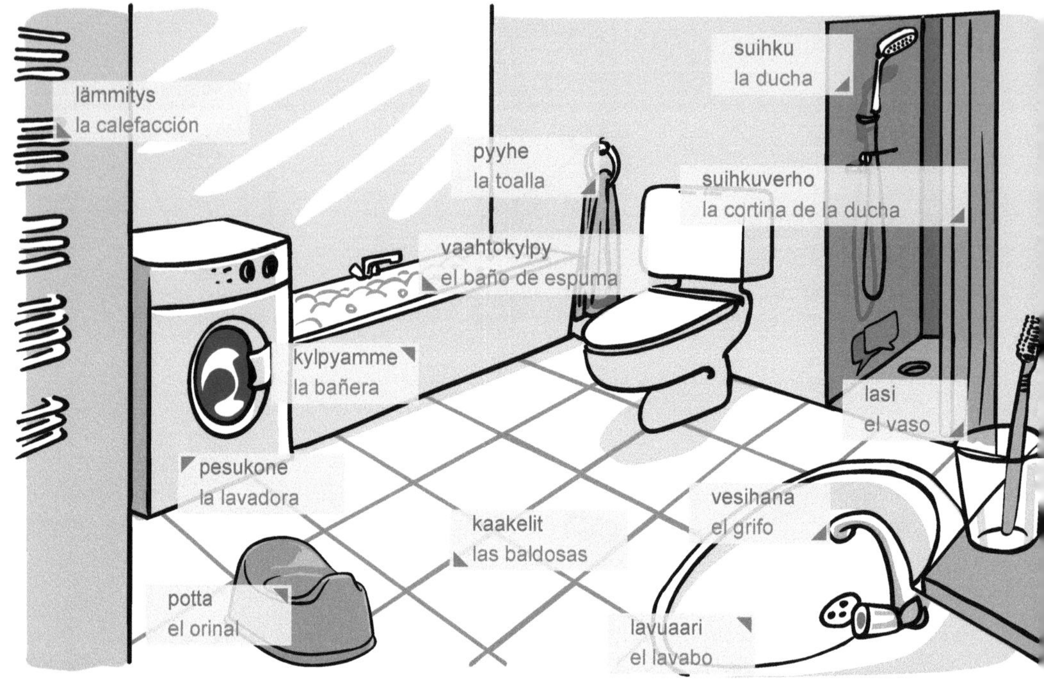

lämmitys
la calefacción
pyyhe
la toalla
suihku
la ducha
suihkuverho
la cortina de la ducha
vaahtokylpy
el baño de espuma
kylpyamme
la bañera
pesukone
la lavadora
lasi
el vaso
vesihana
el grifo
kaakelit
las baldosas
potta
el orinal
lavuaari
el lavabo

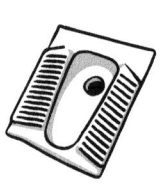

vessa
el inodoro

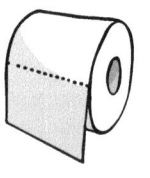

kyykkyvessa
el inodoro rústico

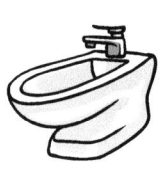

bidee
el bidé

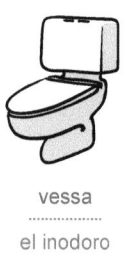

pisuaari
el urinario

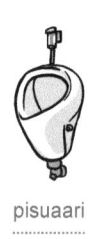

vessapaperi
el papel higiénico

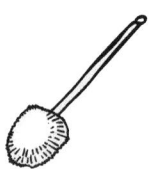

vessaharja
la escobilla del váter

hammasharja
el cepillo de dientes

hammastahna
la pasta de dientes

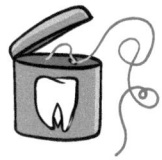

hammaslanka
el hilo dental

pestä
lavar

käsisuihku
la ducha de mano

intiimisuihku
la ducha íntima

pesuvati
la pila

selkäharja
el cepillo de espalda

saippua
el jabón

suihkugeeli
el gel de ducha

shampoo
el champú

pesulappu
la toallita

viemäri
el desagüe

voide
la crema

deodorantti
el desodorante

peili

el espejo

käsipeili

el espejo de tocador

partaveitsi

la maquinilla de afeitar

partavaahto

la espuma de afeitar

partavesi

la loción postafeitado

kampa

el peine

harja

el cepillo

hiustenkuivaaja

el secador

hiuslakka

la laca

meikki

el maquillaje

huulipuna

el pintalabios

kynsilakka

el pintauñas

pumpuli

el algodón

kynsisakset

el cortauñas

hajuvesi

el perfume

kosmetiikkalaukku

el estuche de viaje

jakkara

la banqueta

vaaka

la balanza

kylpytakki

el albornoz

kumihansikkaat

los guantes de goma

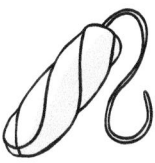

tamponi

el tampón

terveysside

la compresa

kemiallinen wc

el inodoro químico

lastenhuone

la habitación de los niños

herätyskello
el despertador
pehmolelu
el peluche
leikkiauto
el coche de juguete
helistin
el sonajero
nukkekoti
la casa de muñecas
lahja
el regalo

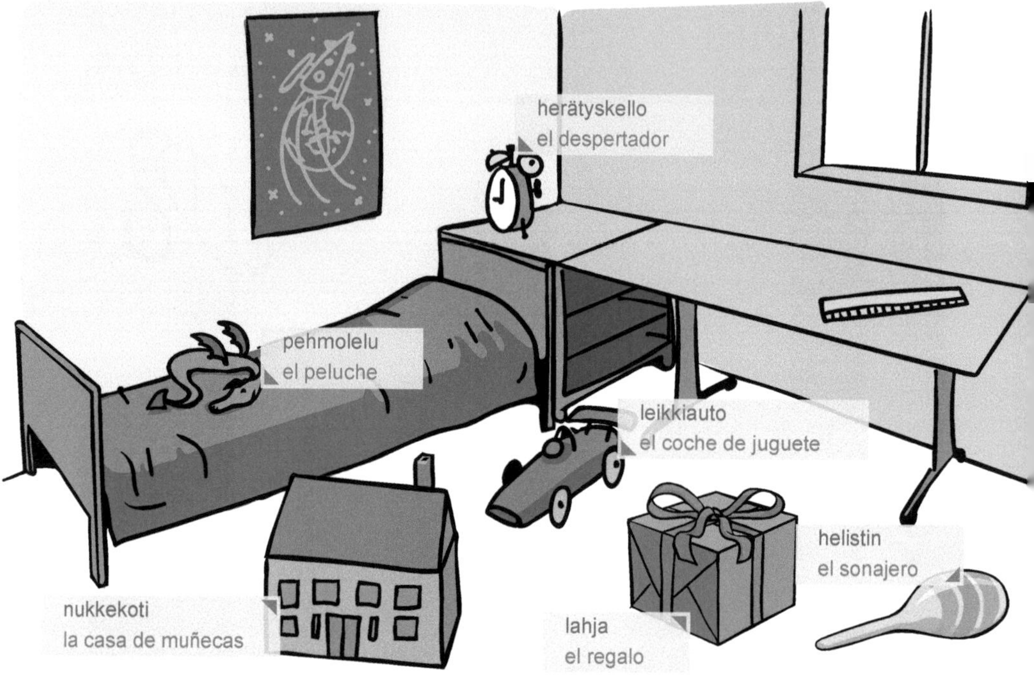

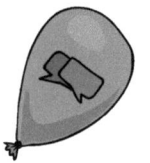

ilmapallo

el globo

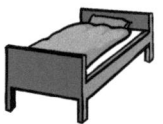

sänky

la cama

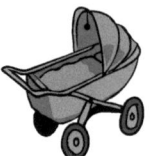

lastenvaunut

el coche de niño

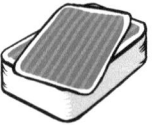

korttipeli

los naipes

palapeli

el puzle

SUPER MEGA

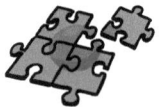

sarjakuva

el tebeo

legopalikat

las piezas de lego

rakennuspalikat

los bloques de juguete

supersankari

la figura de acción

potkupuku

el bodi (de bebé)

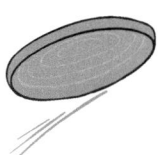

frisbee

el frisbee

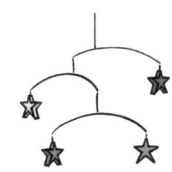

mobile

el colgador móvil para bebés

lautapeli

el juego de mesa

noppa

los dados

pienoisjunarata

el circuito de tren eléctrico

tutti

el maniquí

juhlat

la fiesta

kuvakirja

el álbum de fotos

pallo

la pelota

nukke

la muñeca

leikkiä

jugar

hiekkalaatikko

el cajón de arena

keinu

el columpio

lelut

los juguetes

pelikonsoli

la videoconsola

kolmipyörä

el triciclo

nalle

el oso de peluche

vaatekaappi

la guardarropa

vaatteet

la ropa

sukat

los calcetines

nylonsukat

las medias

sukkahousut

los leotardos

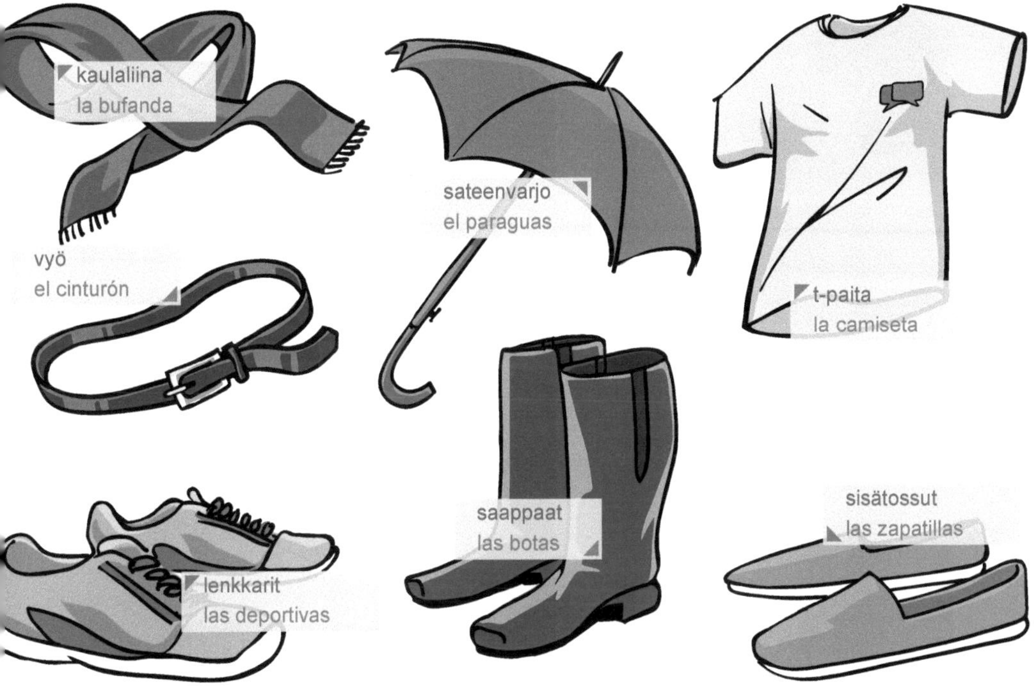

kaulaliina
la bufanda

sateenvarjo
el paraguas

vyö
el cinturón

t-paita
la camiseta

saappaat
las botas

sisätossut
las zapatillas

lenkkarit
las deportivas

sandaalit
las sandalias

kengät
los zapatos

kumisaappaat
las botas de goma

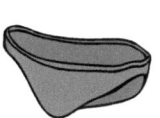

alushousut
el slip

rintaliivit
el sostén

aluspaita
el chaleco

vaatteet - la ropa

body

el bodi

housut

los pantalones cortos

farkut

los vaqueros

hame

la falda

pusero

la blusa

paita

la camisa

villapaita

el jersey

collegepaita

el suéter

jakku

el blazer

takki

la chaqueta

takki

el abrigo

sadetakki

la gabardina

puku

el traje

mekko

el vestido

hääpuku

el vestido de novia

puku

el traje

yöpaita

el camisón

pyjama

el pijama

shari

el sati

päähuivi

el bandana

turbaani

el turbante

burka

la burka

kaftaani

el caftán

abaya

la abaya

uimapuku

el traje de baño

uimahousut

el bañador

shortsit

los pantalones cortos

verkkarit

el chándal

esiliina

el delantal

käsineet

los guantes

nappi

el botón

silmälasit

las gafas

rannekoru

el brazalete

kaulakoru

el collar

sormus

el anillo

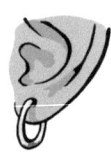

korvakoru

el pendiente

lippalakki

la gorra

ripustin

la percha

hattu

el sombrero

solmio

la corbata

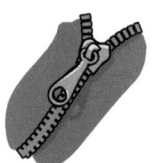

vetoketju

la cremallera

kypärä

el casco

henkselit

los tirantes

koulupuku

el uniforme

univormu

el uniforme

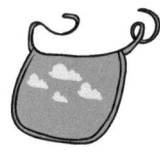

ruokalappu

el babero

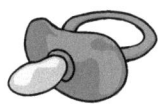

tutti

el maniquí

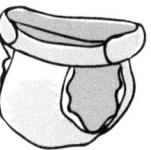

vaippa

el pañal

toimisto
la oficina

palvelin
el servidor
asiakirjakaappi
el archivo
tulostin
la impresora
paperi
el papel
näyttö
el monitor
hiiri
el ratón
kirjoituspöytä
el escritoria
kansio
la carpeta
näppäimistö
el teclado
roskakori
la papelera
tietokone
el ordenador
tuoli
la silla

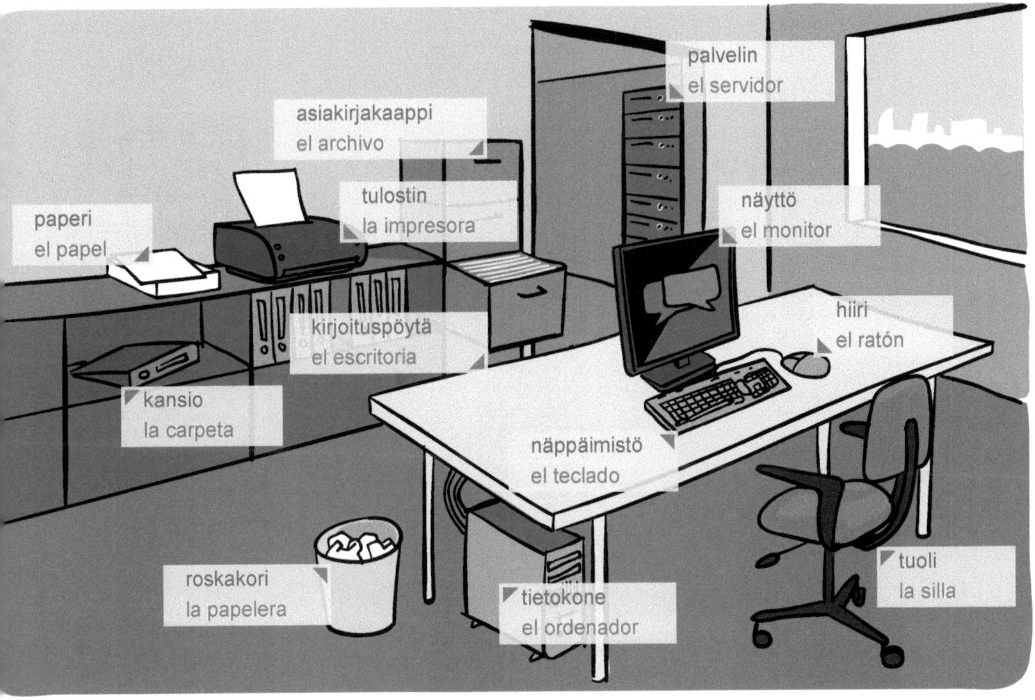

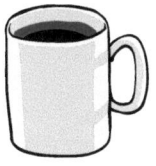

kahvimuki

la taza de café

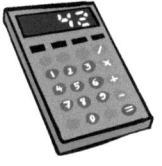

taskulaskin

la calculadora

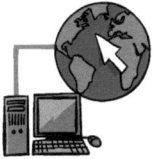

internet

el internet

kannettava tietokone

el portátil

kirje

la carta

viesti

el mensaje

kännykkä

el móvil

verkko

la red

kopiokone

la fotocopiadora

ohjelmisto

el software

puhelin

el teléfono

pistorasia

la toma de corriente

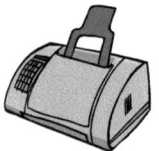

faksi

el fax

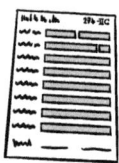

lomake

el formulario

asiakirja

el documento

ostaa

comprar

maksaa

pagar

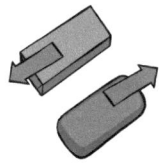

vaihtaa

comerciar

raha

el dinero

USD

dollari

el dólar

EUR

euro

el euro

JPY

jeni

el yen

RUB

rupla

el rublo

CHF

frangi

el franco suizo

CNY

renminbi juan

el renminbi yuan

INR

rupia

la rupia

pankkiautomaatti

el cajero automático

rahanvaihto

la oficina de cambio de divisas

kulta

el oro

hopea

la plata

öljy

el petróleo

energia

la energía

hinta

el precio

sopimus

el contrato

vero

el impuesto

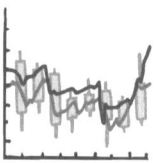

osake

la acción

työskennellä

trabajar

työntekijä

el empleador

työnantaja

el empleador

tehdas

la fábrica

liike

la tienda de campaña

poliisi
el agente de policía

palomies
el bombero

kokki
el cocinero

lääkäri
el médico

lentäjä
el piloto

puutarhuri

el jardinero

puuseppä

el carpintero

ompelija

la costurera

tuomari

el juez

kemisti

el farmacéutico

näyttelijä

el actor

linja-autonkuljettaja

el conductor de autobús

taksinkuljettaja

el taxista

kalastaja

el pescador

siivooja

la señora de la limpieza

katontekijä

el techador

tarjoilija

el camarero

metsästäjä

el cazador

maalari

el pintor

leipuri

el panadero

sähköasentaja

el electricista

rakentaja

el obrero

insinööri

el ingeniero

teurastaja

el carnicero

putkiasentaja

el fontanero

postinjakaja

el cartero

sotilas

el soldado

arkkitehti

el arquitecto

kassanhoitaja

el cajero

floristi

el florista

kampaaja

el peluquero

konduktööri

el revisor

mekaanikko

el mecánico

kapteeni

el capitán

hammaslääkäri

el dentista

tiedemies

el científico

rabbi

el rabino

imaami

el imán

munkki

el monje

pappi

el sacerdote

työkalut
las herramientas

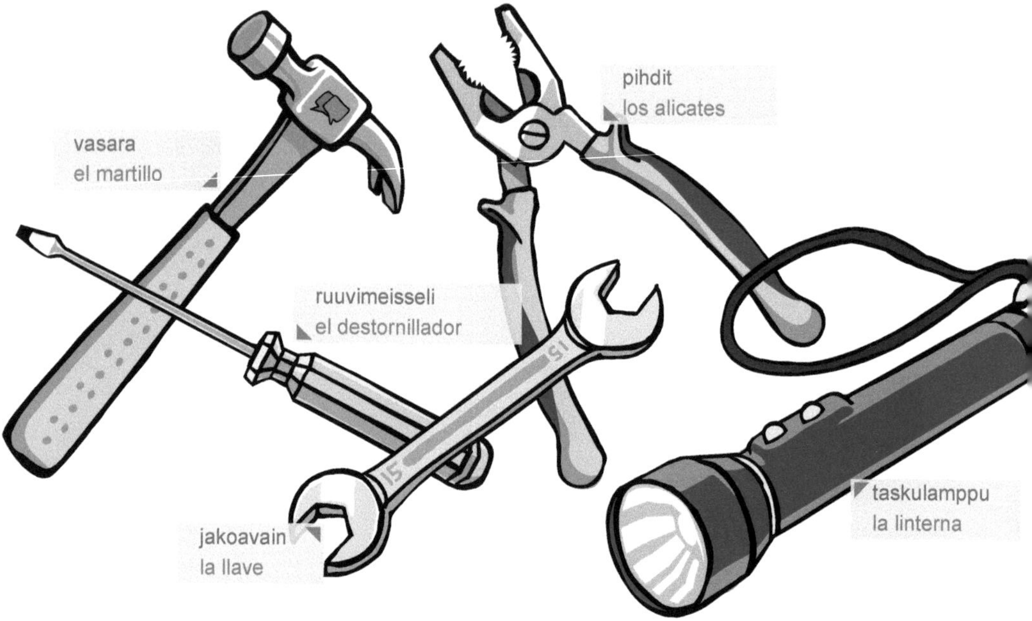
vasara
el martillo
pihdit
los alicates
ruuvimeisseli
el destornillador
jakoavain
la llave
taskulamppu
la linterna

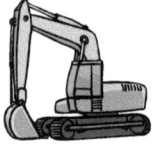

kaivinkone

la excavadora

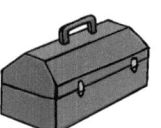

työkalupakki

la caja de herramientas

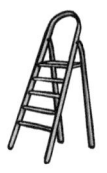

tikkaat

la escalera de mano

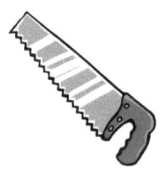

saha

la sierra

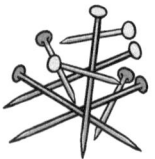

naulat

los clavos

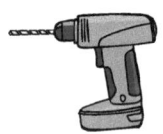

pora

el taladro

korjata
reparar

lapio
la pala

Hitto!
¡Maldita sea!

rikkalapio
el recogedor

maalipurkki
el bote de pintura

ruuvit
los tornillos

soittimet
los instrumentos musicales

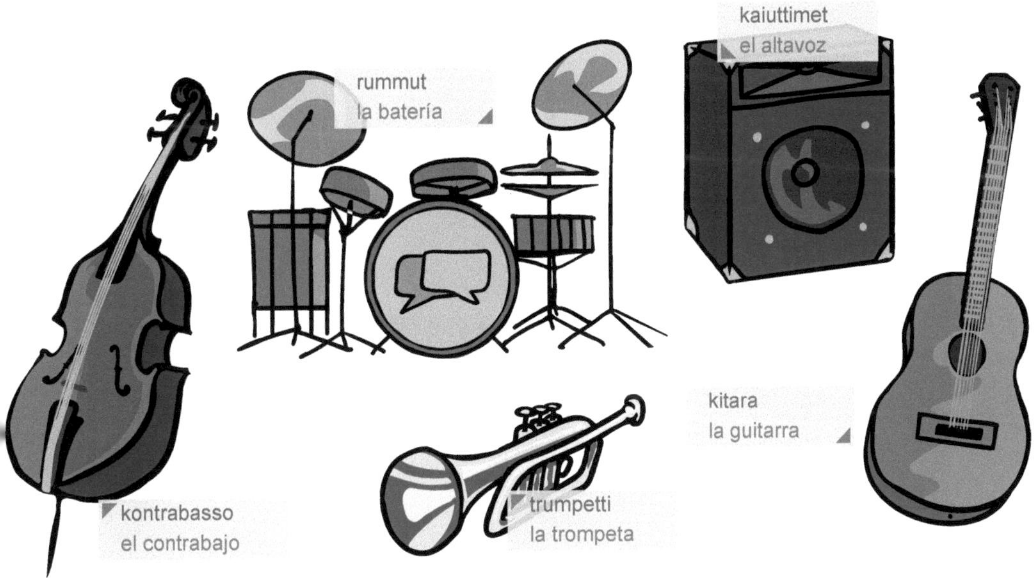

kaiuttimet
el altavoz

rummut
la batería

kitara
la guitarra

kontrabasso
el contrabajo

trumpetti
la trompeta

piano

el piano

viulu

el violín

basso

bajo

patarummut

los timbales

rumpu

el tambor

kosketinsoitin

el teclado

saksofoni

el saxofón

huilu

la flauta

mikrofoni

el micrófono

eläintarha
el zoo

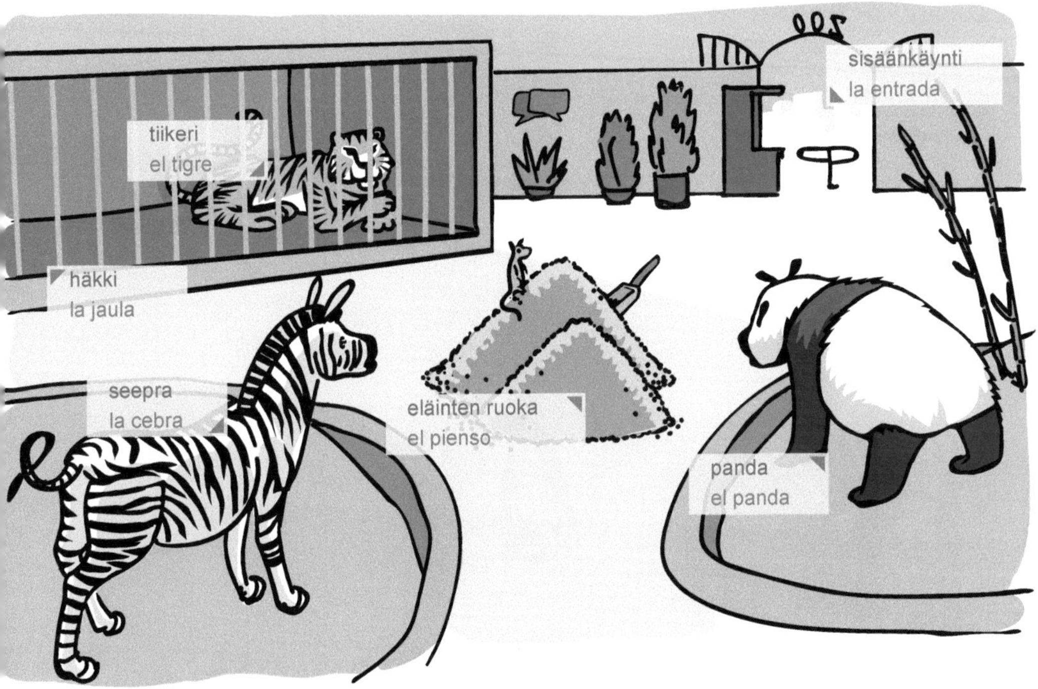

tiikeri
el tigre
häkki
la jaula
seepra
la cebra
eläinten ruoka
el pienso
sisäänkäynti
la entrada
panda
el panda

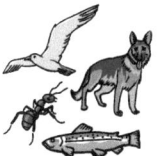

eläimet

los animales

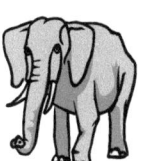

norsu

el elefante

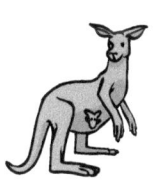

kenguru

el canguro

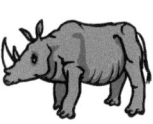

sarvikuono

el rinoceronte

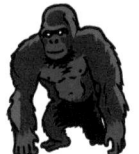

gorilla

el gorila

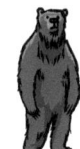

karhu

el oso

kameli

el camello

strutsi

el avestruz

leijona

el león

apina

el mono

flamingo

el flamingo

papukaija

el loro

jääkarhu

el oso polar

pingviini

el pingüino

hai

el tiburón

riikinkukko

el pavo real

käärme

la serpiente

krokotiili

el cocodrilo

eläintarhanhoitaja

el guardián de zoológico

hylje

la foca

jaguaari

el jaguar

poni

el poni

leopardi

el leopardo

virtahepo

el hipopótamo

kirahvi

la jirafa

kotka

el águila

villisika

el jabalí

kala

el pescado

kilpikonna

la tortuga

mursu

la morsa

kettu

el zorro

gaselli

la gacela

amerikkalainen jalkapallo
el fútbol americano

pyöräily
el ciclismo

tennis
el tenis

koripallo
el baloncesto

uinti
la natación

nyrkkeily
el boxeo

jääkiekko
el hockey sobre hielo

jalkapallo
el fútbol

sulkapallo
el bádminton

yleisurheilu
el atletismo

käsipallo
el balonmano

hiihto
el esquí

poolo
el polo

aktiviteetit
las actividades

nauraa
reír
hypätä
saltar
halata
abrazar
kävellä
caminar
laulaa
cantar
unelmoida
soñar
rukoilla
rezar
suudella
besar

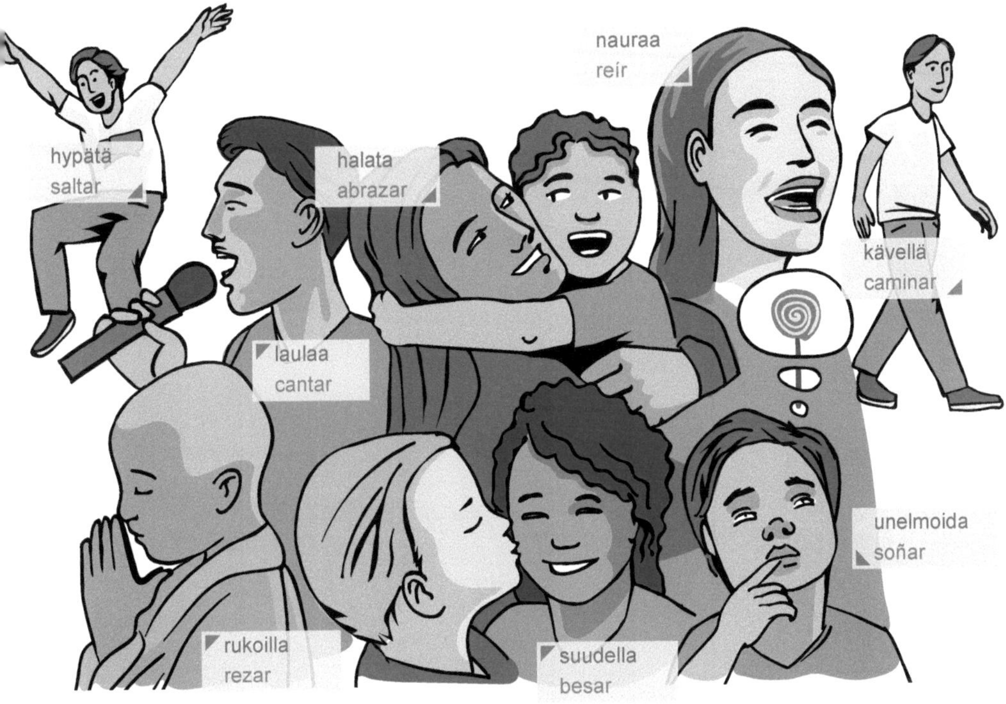

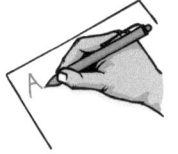

kirjoittaa
escribir

piirtää
dibujar

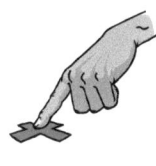

näyttää
mostrar

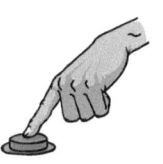

painaa
empujar

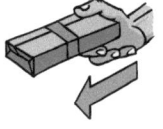

antaa
dar

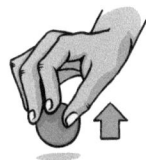

ottaa
tomar

omistaa

tener

tehdä

hacer

olla

ser

seisoa

estar de pie

juosta

correr

vetää

tirar

heittää

tirar

kaatua

caer

maata

yacer

odottaa

esperar

kantaa

llevar

istua

estar sentado

pukeutua

vestirse

nukkua

dormir

herätä

despertar

katsoa

mirar

itkeä

llorar

silittää

acariciar

kammata

peinar

puhua

hablar

ymmärtää

entender

kysyä

preguntar

kuunnella

escuchar

juoda

beber

syödä

comer

siivota

ordenar

rakastaa

amar

keittää

cocinar

ajaa

conducir

lentää

volar

aktiviteetit - las actividades

purjehtia

navegar

laskea

calcular

lukea

leer

oppia

aprender

työskennellä

trabajar

mennä naimisiin

casarse

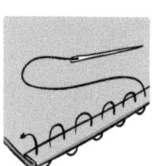

ommella

coser

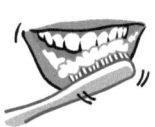

pestä hampaat

cepillarse los dientes

tappaa

matar

tupakoida

fumar

lähettää

enviar

perhe
la familia

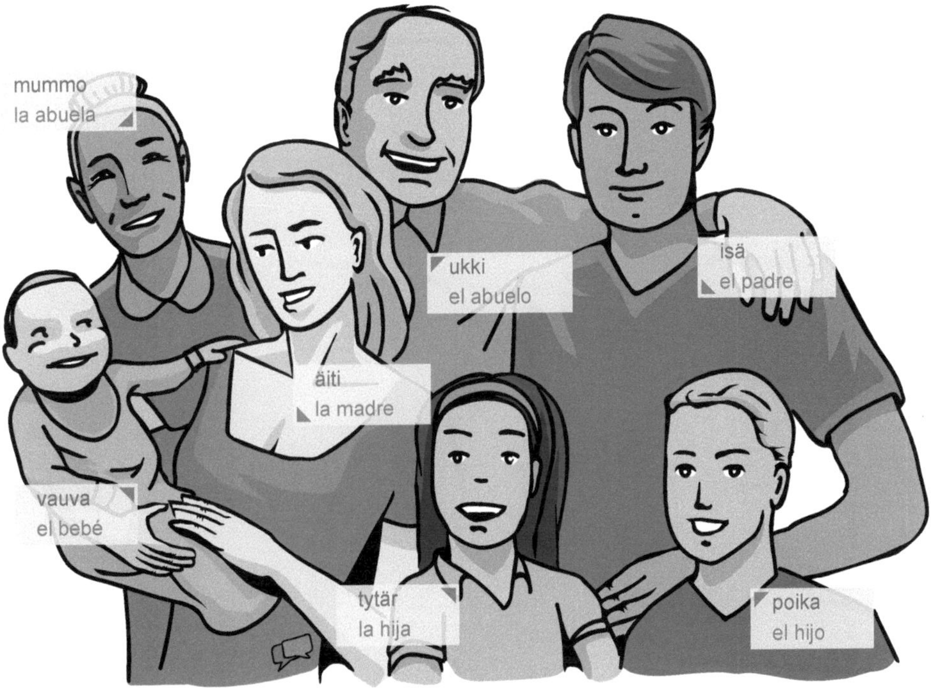
mummo
la abuela
ukki
el abuelo
isä
el padre
äiti
la madre
vauva
el bebé
tytär
la hija
poika
el hijo

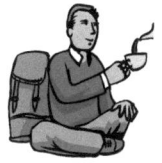

vieras
el invitado

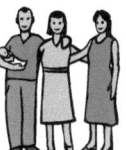

täti
la tía

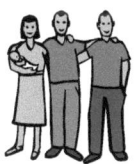

setä
el tío

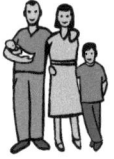

veli
el hermano

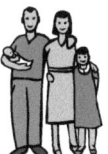

sisko
la hermana

vartalo
el cuerpo

otsa
la frente
silmä
el ojo
olkapää
el hombro
sormet
el dedo
kasvot
la cara
leuka
la barbilla
käsi
la mano
jalka
la pierna
rinta
el pecho
käsivarsi
el brazo

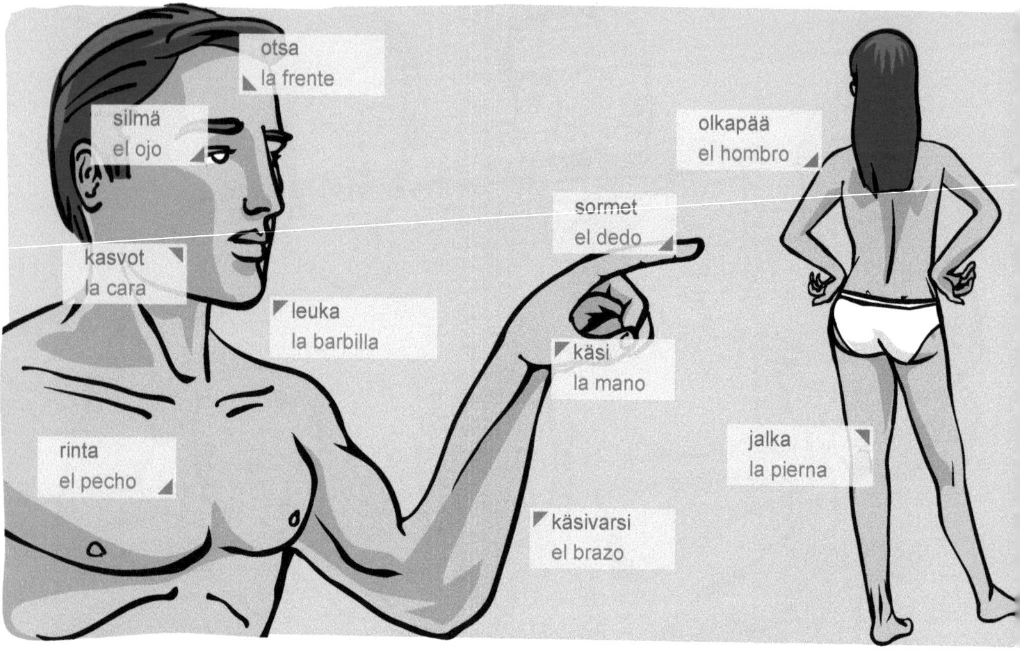

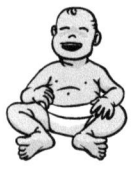

vauva
el bebé

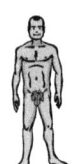

mies
el hombre

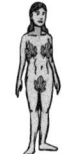

nainen
la mujer

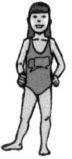

tyttö
la chica

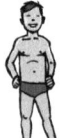

poika
el chico

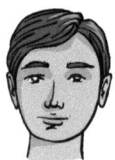

pää
la cabeza

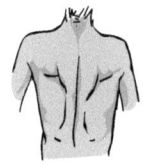	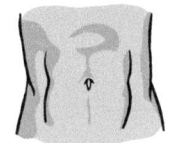	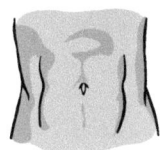
selkä	maha	napa
la espalda	el vientre	el ombligo
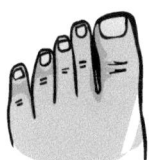	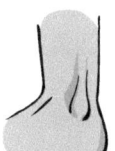	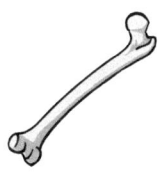
varvas	kantapää	luu
el dedo del pie	el talón	el hueso
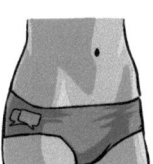		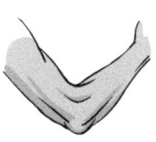
lantio	polvi	kyynärpää
la cadera	la rodilla	el codo
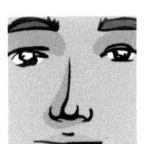	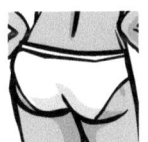	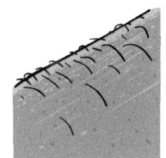
nenä	takapuoli	iho
la nariz	el trasero	la piel
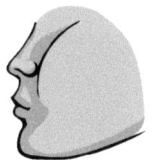	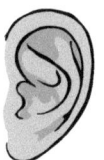	
poski	korva	huuli
la mejilla	el oído	el labio

suu

la boca

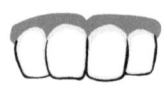

hammas

el diente

kieli

la lengua

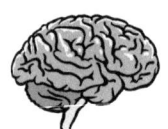

aivot

el cerebro

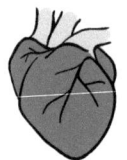

sydän

el corazón

lihas

el músculo

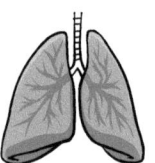

keuhkot

el pulmón

maksa

el hígado

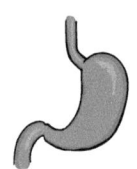

vatsa

el estómago

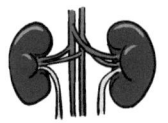

munuaiset

los riñones

seksi

el sexo

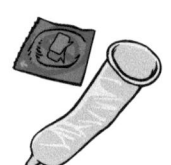

kondomi

el condón

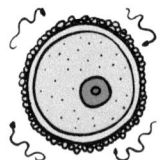

munasolu

el ovario

sperma

el semen

raskaus

el embarazo

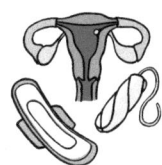

kuukautiset

la menstruación

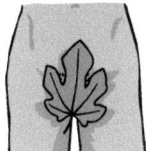

vagina

la vagina

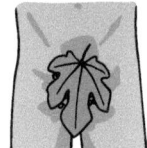

penis

el pene

kulmakarvat

la ceja

hiukset

el pelo

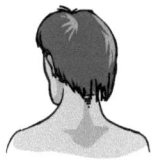

niska

el cuello

sairaala

el hospital

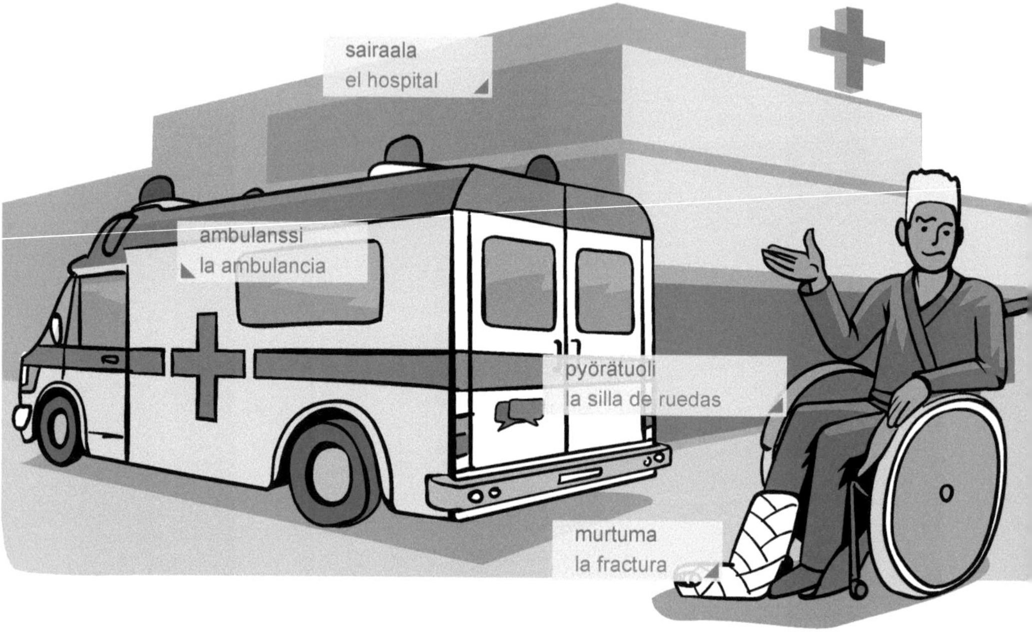

sairaala
el hospital
ambulanssi
la ambulancia
pyörätuoli
la silla de ruedas
murtuma
la fractura

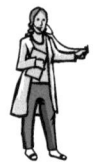

lääkäri

el médico

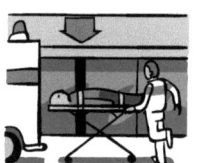

ensiapu

la sala de urgencias

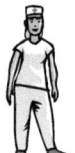

sairaanhoitaja

la enfermera

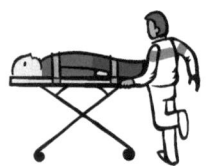

hätätilanne

la urgencia

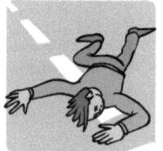

tajuton

inconsciente

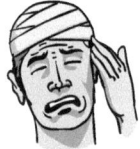

kipu

el dolor

vamma

la lesión

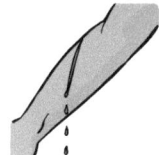

verenvuoto

la hemorragia

sydänkohtaus

el infarto

aivoinfarkti

el ictus

allergia

la alergia

yskä

la tos

kuume

la fiebre

flunssa

la gripe

ripuli

la diarrea

päänsärky

el dolor de cabeza

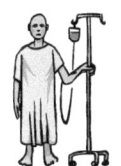

syöpä

el cáncer

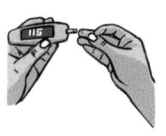

diabetes

la diabetes

kirurgi

el cirujano

veitsi

el bisturí

leikkaus

la operación

ct
TAC

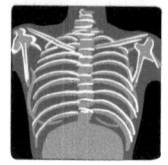

röntgen
los rayos x

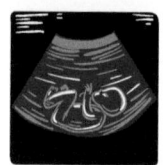

ultraääni
el ultrasonido

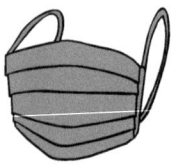

maski
la mascarilla

sairaus
la enfermedad

odotushuone
la sala de espera

sauva
la muleta

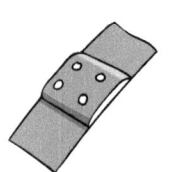

laastari
la tirita

side
la venda

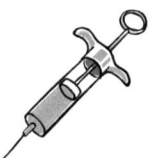

pistos
la inyección

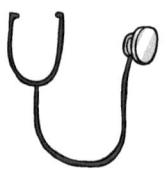

stetoskooppi
el estetoscopio

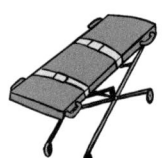

paarit
la camilla

kuumemittari
el termómetro

syntymä
el nacimiento

ylipaino
el sobrepeso

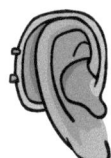

kuulolaite

el audífono

desinfiointiaine

el desinfectante

infektio

la infección

virus

el virus

HIV / AIDS

VIH / SIDA

lääke

la medicina

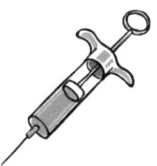

rokotus

la vacunación

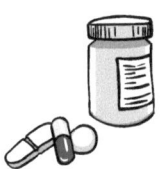

tabletit

las tabletas

pilleri

la pastilla

hätäpuhelu

la llamada de urgencia

verenpainemittari

el tensiómetro

sairas / terve

enfermo / sano

Apua!

¡Socorro!

hälytys

ia alarma

ryöstö

el asalto

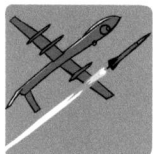

hyökkäys

el ataque

vaara

el peligro

hätäuloskäynti

la salida de emergencia

Tulipalo!

¡Fuego!

palosammutin

el extintor de incendios

onnettomuus

el accidente

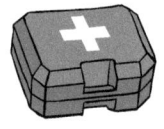

ensiapulaukku

el botiquín de primeros
auxilios

SOS

SOS

poliisilaitos

la policía

Eurooppa

Europa

Pohjois-Amerikka

Norteamérica

Etelä-Amerikka

Sudamérica

Afrikka

África

Aasia

Asia

Australia

Australia

Atlantin valtameri

el atlántico

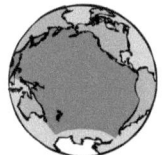

Tyynimeri

el Pacífico

Intian valtameri

el Océano Índico

Eteläinen jäämeri

el Océano Antártico

Pohjoinen jäämeri

el Océano Ártico

pohjoisnapa

el polo norte

etelänapa

el polo sur

Antarktis

La Antártida

maa

la tierra

maa

la tierra

meri

el mar

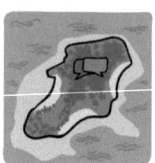

saari

la isla

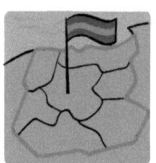

kansa

la nación

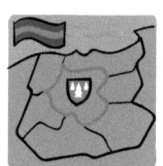

osavaltio

el estado

kellotaulu

la esfera

tuntiviisari

la manecilla de las horas

minuuttiviisari

el minutero

sekuntiviisari

el segundero

Paljonko kello on?

¿Qué hora es?

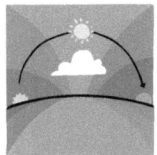

päivä

el día

aika

el tiempo

nyt

ahora

digitaalikello

el reloj digital

minuutti

el minuto

tunti

la hora

viikko

la semana

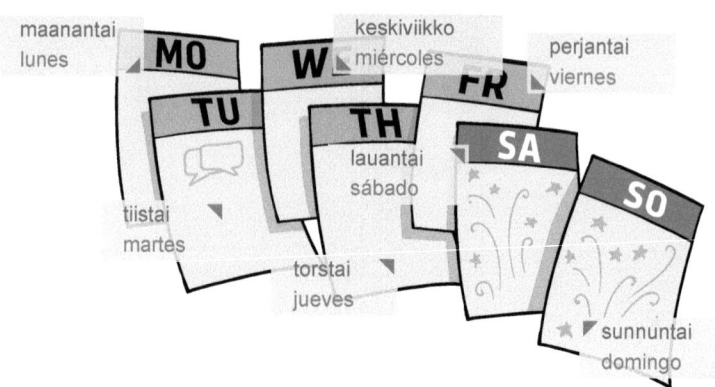

maanantai / lunes — **MO**
tiistai / martes — **TU**
keskiviikko / miércoles — **W**
torstai / jueves — **TH**
lauantai / sábado — **SA**
perjantai / viernes — **FR**
sunnuntai / domingo — **SO**

eilen
ayer

tänään
hoy

huomenna
mañana

aamu
la mañana

keskipäivä
el mediodía

ilta
la tarde

työpäivät
los días laborables

viikonloppu
el fin de semana

vuosi

el año

sade
la lluvia
sateenkaari
el arcoíris
lumi
la nieve
tuuli
el viento
kevät
la primavera
syksy
el otoño
kesä
el verano
talvi
el invierno

4.APRIL 11°
5.APRIL 4°
6.APRIL 13°
7.APRIL 8°
8.APRIL 10°

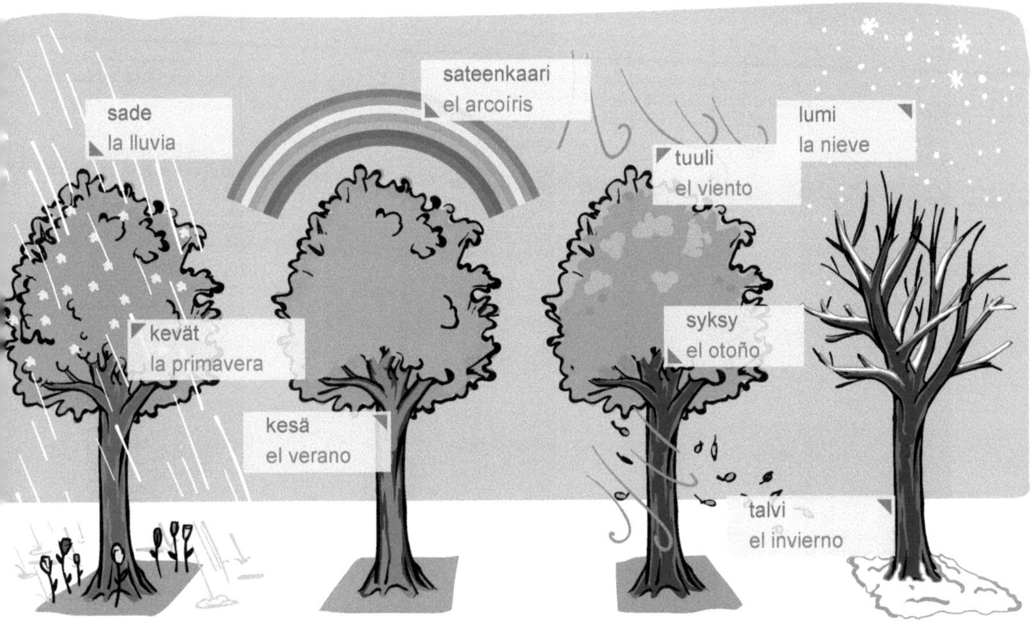

sääennuste

el pronóstico del tiempo

F
C
120
90
60
30
0
-30
40
30
20
10
0
-10
-20

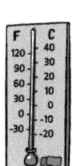

lämpömittari

el termómetro

auringonpaiste

el sol

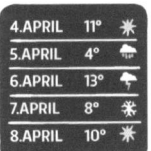

pilvi

la nube

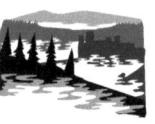

sumu

la niebla

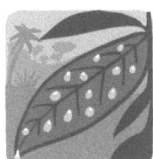

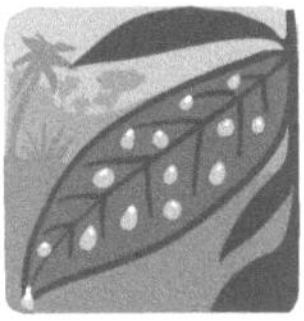

ilmankosteus

la humedad

salama
el rayo

ukkonen
el trueno

myrsky
la tormenta

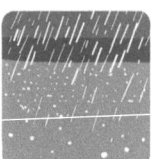

rae
el granizo

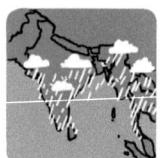

monsuuni
el monzón

tulva
la inundación

jää
el hielo

tammikuu
enero

helmikuu
febrero

maaliskuu
marzo

huhtikuu
abril

toukokuu
mayo

kesäkuu
junio

heinäkuu
julio

elokuu
agosto

syyskuu
septiembre

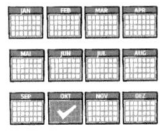

lokakuu
octubre

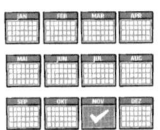

marraskuu
noviembre

joulukuu
diciembre

muodot
las formas

ympyrä
el círculo

neliö
el cuadrado

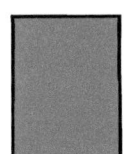

suorakulmio
el rectángulo

kolmio
el triángulo

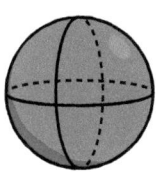

pallo
la esfera

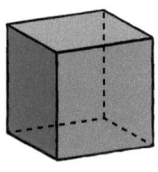

kuutio
el cubo

värit

colores

valkoinen

blanco

keltainen

amarillo

oranssi

anaranjado

vaaleanpunainen

rosa

punainen

rojo

violetti

morado

sininen

azul

vihreä

verde

ruskea

marrón

harmaa

gris

musta

negro

paljon / vähän

mucho / poco

vihainen / ystävällinen

enojado / tranquilo

kaunis / ruma

bonito / feo

alku / loppu

principio / fin

suuri / pieni

grande / pequeño

vaalea / tumma

claro / oscuro

veli / sisko

el hermano / la hermana

puhdas / likainen

limpio / sucio

täydellinen / epätäydellinen

completo / incompleto

päivä / yö

el día / la noche

kuollut / elävä

muerto / vivo

leveä / kapea

ancho / estrecho

syötävä / syömäkelvoton

comestible / no comestible

paha / kiltti

malo / amable

innostunut / tylsistynyt

entusiasmado / aburrido

lihava / laiha

gordo / delgado

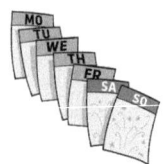

ensimmäinen / viimeinen

primero / último

ystävä / vihollinen

el amigo / el enemigo

täysi / tyhjä

lleno / vacío

kova / pehmeä

duro / blando

painava / kevyt

pesado / ligero

nälkä / jano

el hambre / la sed

sairas / terve

enfermo / sano

laiton / laillinen

ilegal / legal

älykäs / tyhmä

inteligente / tonto

vasen / oikea

izquierda / derecha

lähellä / kaukana

cerca / lejos

uusi / käytetty

nuevo / usado

ei mitään / jotain

nada / algo

vanha / nuori

viejo / joven

päällä / pois päältä

encendido / apagado

auki / kiinni

abierto / cerrado

hiljainen / äänekäs

silencioso / ruidoso

rikas / köyhä

rico / pobre

oikein / väärin

correcto / incorrecto

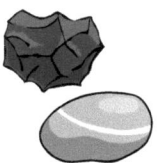

karhea / sileä

áspero / suave

surullinen / iloinen

triste / contento

lyhyt / pitkä

corto / largo

hidas / nopea

lento / rápido

märkä / kuiva

húmedo / seco

lämmin / viileä

cálido / frío

sota / rauha

guerra / paz

0

nolla

cero

1

yksi

uno

2

kaksi

dos

3

kolme

tres

4

neljä

cuatro

5

viisi

cinco

6

kuusi

seis

7

seitsemän

siete

8

kahdeksan

ocho

9

yhdeksän

nueve

10

kymmenen

diez

11

yksitoista

once

12

kaksitoista
doce

13

kolmetoista
trece

14

neljätoista
catorce

15

viisitoista
quince

16

kuusitoista
dieciséis

17

seitsemäntoista
diecisiete

18

kahdeksantoista
dieciocho

19

yhdeksäntoista
diecinueve

20

kaksikymmentä
veinte

100

sata
cien

1.000

tuhat
mil

1.000.000

miljoona
el millón

englanti

el inglés

amerikanenglanti

el inglés americano

mandariinikiina

el chino madarín

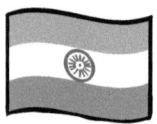

hindi

el hindi

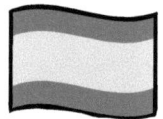

espanja

el español

ranska

el francés

arabia

el árabe

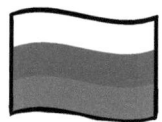

venäjä

el ruso

portugali

el portugués

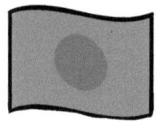

bengali

el bengalí

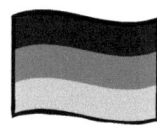

saksa

el alemán

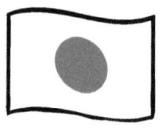

japani

el japonés

minä

yo

sinä

tú

hän

él / ella / ello

me

nosotros/as

te

vosotros/as

he

ellos/as

kuka?

¿quién?

mitä / mikä?

¿qué?

miten?

¿cómo?

missä?

¿dónde?

milloin?

¿cuándo?

nimi

el nombre

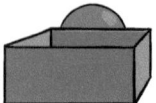

takana

detrás

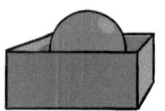

sisällä

en

edessä

delante de

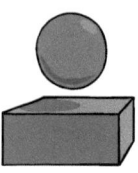

yläpuolella

por encima de

päällä

sobre

alapuolella

debajo de

vieressä

junto a

välissä

entre

paikka

el lugar